La Brève Histoire

de Pol Pot

L'Ascension et le Règne des Khmers Rouges, la Révolution, les Champs de la Mort au Cambodge, le Tribunal et l'Effondrement du Régime Communiste.

Avis de non-responsabilité

Copyright 2022 par GREEN MEDIA HOUSE - *Tous droits réservés*

1

Introduction

Saloth Sar (province de Kampong Thum, 19 mai 1925 - Anlong Veng, 15 avril 1998), plus connu sous le nom de Pol Pot (Khmer : ប៉ុល ពត), était un révolutionnaire maoïste cambodgien qui a dirigé les Khmers rouges de 1963 à sa mort en 1998. De 1975 à 1979, il a été le premier ministre du Kampuchéa démocratique. Pol Pot est devenu le leader du Cambodge le 17 avril 1975.

Pendant son règne, il a institué le socialisme agraire, obligeant les citadins à se déplacer à la campagne pour travailler dans des fermes collectives et effectuer des travaux forcés. Les effets combinés du travail forcé, de la malnutrition, des soins médicaux insuffisants et des exécutions ont entraîné la mort d'environ 21% de la population cambodgienne. Au total, on estime que 1,5 à 2 millions de personnes sont mortes sous sa direction.

En 1979, après l'invasion du Cambodge par les Vietnamiens, Pol Pot s'est enfui dans les jungles du sud-ouest du Cambodge et le régime des Khmers rouges s'est effondré. De 1979 à 1997, lui et un reste des anciens Khmers rouges ont résidé près de la frontière entre le Cambodge et la Thaïlande, où ils se sont accrochés au pouvoir, avec une reconnaissance nominale des Nations unies comme gouvernement légitime du Cambodge. Pol Pot est mort en 1998 alors qu'il était assigné à résidence par la faction Ta Mok des Khmers rouges. Depuis sa mort, des rumeurs continuent de circuler selon lesquelles il aurait été empoisonné.

3

Table des matières

L'histoire de Pol Pot

Une fumée noire s'élevait au-dessus de pneus de voiture en feu, de vieux bois et de meubles abandonnés. Dans le tas d'ordures gisait le corps de Pol Pot.

Le soir du 15 avril 1998, il avait dit à sa femme qu'il ne se sentait pas bien. Immédiatement après, il est mort, probablement d'une crise cardiaque. Cela a mis fin à la vie de Pol Pot, 73 ans, l'homme responsable de la mort de 1,7 million de ses compatriotes.

Lorsque Pol Pot est né dans un village au nord de la capitale cambodgienne Phnom Penh en 1925, l'année du bœuf, il n'était pas écrit dans les étoiles qu'il entrerait un jour dans l'histoire comme un meurtrier de masse sans scrupules.

Conformément à son horoscope, le garçon, dont le vrai nom est Saloth Sar, est doux et sensible. Selon l'astrologie, il pouvait perdre le contrôle de sa colère, mais personne n'a remarqué ce côté de sa personnalité pendant son enfance.

Même parmi ses camarades de classe, il était connu comme un garçon sympathique et drôle, qui ne faisait pas de mal à une mouche et avait des résultats médiocres.

Une circonstance distinguait Saloth Sar des pauvres riziculteurs du village où il vivait : sa famille était riche et entretenait des contacts avec la famille royale.

Grâce à ces bonnes relations, Saloth Sar est entré en 1935, à l'âge de 10 ans, à l'éminente école secondaire française, l'Ecole Miche, à Phnom Penh. Il échoue un examen après l'autre et ne réussit pas non plus très bien dans ses hobbies, le violon et le théâtre.

Malgré ses maigres résultats, il réussit à obtenir une bourse d'études à Paris en 1949. Une telle opportunité n'était réservée qu'à quelques personnes, et comme le destin l'a voulu, celle-ci était Saloth, entre tous. Son séjour en France a eu des conséquences non seulement pour lui, mais aussi cruciales pour l'ensemble du Cambodge.

Chez lui, Saloth n'avait jamais manifesté d'intérêt pour la politique, mais lors de ses études en France, il a pris conscience de l'injustice dans le monde. De nombreux étudiants étaient des communistes purs et durs qui admiraient le dirigeant soviétique Staline, et Saloth Sar assistait à des réunions d'étudiants où l'avenir du Cambodge était à l'ordre du jour : comment le pays pouvait-il se libérer de la domination coloniale française, et qui devait prendre le pouvoir ensuite ?

En 1952, Saloth adhère au Parti communiste français. Plus tard cette année-là, il est retourné au Cambodge, sans le moindre diplôme en poche mais avec une nouvelle conscience politique et le rêve de fonder un Cambodge indépendant et sans classe.

À son retour, il est choqué : le Cambodge qu'il n'a pas vu depuis trois ans est en guerre. La lutte contre la domination coloniale française s'est progressivement transformée en une guerre civile sanglante. L'armée patrouillait dans tout Phnom Penh et la pauvreté était évidente.

Pol Pot commence la révolution

En 1953, le Cambodge a obtenu l'indépendance de la France, qui avait fort à faire avec la guerre contre le Vietnam. Le roi Sihanouk s'est vu confier tous les pouvoirs avec pour mission de combattre les communistes, mais cela s'est soldé par une déception pour les Cambodgiens qui espéraient des temps plus paisibles. Dans les années 1960, la guerre au Vietnam voisin s'est intensifiée et le Cambodge a été entraîné dans le conflit.

Peu après son retour de France, Saloth a rejoint le parti communiste d'Indochine. Comme ce parti était illégal, il devait fonctionner en secret, tout comme Saloth, qui a ensuite mené une double vie.

Il a élaboré des plans pour une révolution armée et a utilisé divers pseudonymes, dont Pol. En même temps, il travaille comme professeur dans une école publique française, où il enseigne le français, l'histoire et la géographie.

Les élèves apprécient beaucoup le professeur, beau et voyageur, qui porte toujours une chemise blanche et un pantalon bleu foncé. Il était doux et riait beaucoup, contrairement à sa femme Khieu Ponnary, également enseignante, qui était beaucoup plus stricte. À l'école, Saloth Sar n'a jamais manifesté ses sympathies politiques, il se comportait de manière discrète, mais son charisme était grand.

En 1963, Saloth Sar a été élu secrétaire général du parti communiste, qu'il avait contribué à fonder trois ans plus tôt dans un hangar près de la gare ferroviaire de Phnom Penh.

Pendant la période où Saloth Sar a pris la présidence du parti, le roi Sihanouk a entrepris de persécuter les communistes. Les arrestations se succèdent, de nombreux communistes sont exécutés, et d'autres encore entrent dans la clandestinité. Saloth Sar s'est enfui dans la jungle, où il s'est caché dans des camps pendant sept ans, et de là, il a tenté de destituer le roi Sihanouk du trône.

Mais le général Lon Nol, le premier ministre, le devance et organise un coup d'État non violent en mars 1970.

Alors que Sihanouk s'était efforcé de garantir la neutralité du Cambodge, Lon Nol a pris une nouvelle direction. En échange de leur aide, les États-Unis sont désormais autorisés à utiliser des bases au Cambodge pour attaquer le Viêt Nam.

Une guerre civile a éclaté et a duré cinq ans. Sihanouk, qui a combattu les communistes jusqu'à la mort, et Saloth Sar semblent désormais avoir un ennemi commun : Lon Nol et son régime. Avec le slogan "Nous luttons pour rendre le pouvoir à Sihanouk", Saloth Sar et son nouveau mouvement de guérilla, les Khmers rouges, entament une lutte armée contre le régime militaire.

Le soutien populaire était fort, surtout dans les campagnes, qui étaient bombardées par les B-52 américains. Les avions avaient pour objectif de briser les lignes d'approvisionnement de l'Armée de libération du Viêt Nam (Vietcong), qui allaient du Nord au Sud-Vietnam en passant par le Cambodge. Mais les victimes étaient principalement des agriculteurs cambodgiens, qui n'y étaient pour rien et qui ont perdu leurs familles et leurs maisons dans ce bombardement dévastateur.

Le "frère numéro un", comme Saloth Sar était appelé par ses alliés, n'aurait pu souhaiter un terrain plus fertile pour la révolution qu'il préparait. La paysannerie était prête à soutenir n'importe qui si seulement la situation changeait.

Les Khmers rouges ne manquent donc pas de nourriture et, avec les armes de leurs alliés nord-vietnamiens, ils prennent le contrôle de régions de plus en plus nombreuses. Après de violents combats près de la capitale, la guérilla sort victorieuse : Lon Nol fuit Phnom Penh dévastée avec ses partisans, et une nouvelle ère s'ouvre le 17 avril 1975.

Aucune mitrailleuse n'a retenti et il n'y a pas eu de pluie de grenades ; en fait, c'était inhabituellement calme dans la capitale. Mais lorsque les guérilleros, vêtus de vêtements

en coton noir et portant des écharpes rouges, marchent
pieds nus dans les rues le matin, des acclamations
éclatent.

Les habitants de Phnom Penh ont accueilli les rebelles
comme les héros de la liberté qu'ils attendaient depuis
longtemps, sans savoir que le cerveau du coup d'État
voulait mener avec eux une expérience sociale. Mais il n'a
pas fallu longtemps, en cette journée exceptionnellement
chaude d'avril, pour que les habitants de Phnom Penh
aient un aperçu des souffrances qui les attendaient.

Pol Pot chasse les gens des villes

Pendant son exil dans la jungle, Saloth Sar a élaboré les plus grands projets pour l'avenir du Cambodge. La révolution ouvrirait une nouvelle ère. 1975 était l'année zéro, du jour au lendemain, le Kampuchéa démocratique, comme la nouvelle nation devait désormais s'appeler, devait être un État paysan sans classe.

L'argent a été aboli, la religion interdite. Tout le monde devait être égal, porter les mêmes vêtements et travailler comme des frères et sœurs pour la même cause.

Saloth Sar n'était pas présent à Phnom Penh le jour J, mais il a donné l'ordre de chasser les deux millions de résidents de la capitale quelques heures après le coup d'État.

Tout le monde a dû sortir de chez soi, dans la rue, les malades et les mourants ont été sortis des hôpitaux, et dans ce chaos général, les gens ont été rassemblés en une immense procession, en direction des communautés où ils devaient désormais cultiver du riz.

Dans le tumulte, des familles ont été séparées, et les faibles et les personnes âgées ont été tuées. Dix mille autres personnes sont mortes au cours de la longue marche vers les rizières les jours suivants.

Ce schéma s'est répété dans tout le pays, et moins d'une semaine plus tard, toutes les villes avaient disparu.

Aux points de contrôle le long des routes, les résidents ont été interrogés sur leurs antécédents. Les personnes instruites et les intellectuels seraient utilisés pour reconstruire la nation. Mais quiconque s'exécute est condamné. Saloth Sar craignant la résistance de l'élite, les Khmers rouges n'ont fait qu'une bouchée d'eux : ils ont été exécutés.

Le 23 avril 1975, Saloth Sar retourne tranquillement dans la ville fantôme de Phnom Penh. En marchant dans les rues désertes, il a goûté au doux goût de la victoire. Il avait écrasé l'impérialisme et évincé les marionnettes des États-Unis. Pour la première fois depuis plus de 20 ans, il ne connaissait pas d'ennemis, et avec la victoire en poche, la voie était libre pour sa société idéale.

Le soutien à Pol Pot disparaît

Pour marquer cette nouvelle ère, Saloth Sar a mis un terme à son passé. Il a coupé les liens avec sa famille et se fait désormais appeler Pol Pot.

Après plus d'un an de travail acharné, il présente un plan quadriennal à la direction du parti en août 1976. Les concepts clés étaient la construction et la défense. En termes de construction, le pays tout entier devait devenir une grande rizière, et le revenu de l'excédent d'exportation de la récolte devait être utilisé pour construire des usines spécialisées dans les ustensiles : meubles, chaussures, textiles et savon.

Tant que nous avons du riz, nous avons tout", était le mantra de Pol Pot.

Comme la production de riz, la défense de la nation était d'une grande importance. Pol Pot insistait sur le fait que les ennemis de l'État devaient être tués. Si nous sommes lents et faibles, l'ennemi sabotera le pays", a-t-il déclaré.

Craignant une attaque, Pol Pot est entré dans la clandestinité. Se méfiant de tout et de tous, il était toujours entouré de gardes du corps, et au lieu d'apparaître lui-même en public, il envoyait ses ministres. En dehors de la direction du parti, rares sont ceux qui savent qui détient le pouvoir. Même les frères et sœurs de Pol Pot n'avaient aucune idée que leur frère dirigeait le pays.

L'objectif de Pol Pot pour son pays s'est rapidement avéré irréalisable. Dans ses calculs de production de riz, il avait été beaucoup trop optimiste. La population travaillait 16 heures par jour sur la terre, mais ne pouvait pas produire trois tonnes par hectare, comme l'exigeait Pol Pot. Avant la révolution, la culture du riz au Cambodge avait un rendement d'une tonne par hectare. Le triple était vraiment impossible.

Les Cambodgiens ne disposaient pas d'assez d'engrais et de machines agricoles, et en outre, beaucoup venaient des zones urbaines et ne connaissaient pratiquement rien à l'agriculture. Il n'y avait pas assez de riz, et déjà à l'automne 1975, la population était affamée. Au début, chacun recevait entre un demi-bol et un bol entier de riz par jour, mais la ration devenait de plus en plus petite et, à la longue, ce n'était qu'un fond.

Il y avait des famines dans tout le pays, mais Pol Pot n'en avait cure. Son objectif était de gagner de l'argent en exportant du riz. Pendant que ses compatriotes succombaient en masse à la faim, à la maladie ou à l'épuisement, il faisait charger de gros camions avec la moitié des récoltes des communautés.

19

À mesure que la famine s'aggravait, la population soutenait de moins en moins la révolution, et la situation ne s'est pas améliorée lorsque Pol Pot s'est immiscé dans leur foi. Les Cambodgiens étaient de fervents bouddhistes depuis des milliers d'années, mais leur foi était désormais considérée comme une idéologie rivale.

Les pagodes, les temples et les monastères ont été détruits ou transformés en prisons de torture, dont seuls quelques-uns des quelque 50 000 moines sont sortis sains et saufs.

Les possessions personnelles étaient rares. Tout, des casseroles aux poulets en passant par le bétail et les charrues, a été confisqué, car personne n'était autorisé à posséder plus qu'un autre. La seule chose que les

Cambodgiens étaient autorisés à avoir était un costume noir, un mouchoir, un bol et une cuillère, qu'ils pouvaient utiliser lors des repas communs, et cela aussi était une intrusion dans la vie privée.

Avant la révolution, les familles mangeaient toujours ensemble et le repas était une affaire sociale, mais à partir de 1975, hommes, femmes et enfants mangent séparément les uns des autres dans des réfectoires surveillés.

Dans le but d'éradiquer les opposants politiques au régime de Lon Nol, les Khmers rouges ont tué environ 200 000 anciens soldats, policiers et fonctionnaires en un an, à partir de septembre 1975. Malgré toutes les purges, l'ennemi était partout, même dans le parti. C'est du moins ce que pensait Pol Pot, qui désignait les traîtres comme étant à l'origine de la crise.

Le lot est affecté par une maladie que nous ne pouvons pas identifier précisément. Nous recherchons assidûment ces microbes. Ils se cachent, mais avec le progrès de notre révolution socialiste, nous les trouverons", a prévenu Pol Pot lors d'une réunion du parti en 1976.

Dans une émission de radio quelques mois plus tard, il a déclaré que 2 % de la population (environ 140 000 personnes) étaient des "saboteurs, des ennemis ou des traîtres". Ceux-ci pourraient être exterminés tout comme les bactéries.

Pol Pot fait massacrer les gens par la police

La force de sécurité de Santebal avait fort à faire, mais avec les ordres de Pol Pot, la charge de travail a atteint de nouveaux sommets. Suivant la devise selon laquelle il vaut mieux tuer 10 innocents que de laisser partir un seul coupable, Santebal a commencé la chasse à l'homme pour les ennemis potentiels.

Il y en avait beaucoup : les personnes portant des lunettes étaient qualifiées d'intellectuelles et devaient être mises à mort pour cette raison. Il en était de même pour les étrangers et les Cambodgiens ayant des partenaires étrangers, qui étaient soupçonnés d'être des agents secrets. En 1978, quelque 400 000 personnes ont été massacrées dans l'est du pays parce qu'elles avaient, selon les mots de Pol Pot, "un corps khmer mais un esprit vietnamien".

Le sang a également coulé au sein de la direction du parti. Pendant la torture, les ministres et les chefs de district ont été forcés d'admettre toutes sortes de péchés, comme le fait d'être myope ou paresseux. Les deux étaient passibles de la peine de mort. Ils ont emmené toute leur famille avec eux dans la mort : leurs femmes, leurs enfants, leurs parents - tout le monde. Plus les personnes dont ils avaient murmuré les noms en désespoir de cause pendant la torture.

Peu d'entre eux ont reçu la balle, car cette méthode était trop coûteuse. Au contraire, l'arrière de la tête était travaillé avec une barre de fer ou l'abdomen était déchiré. Les bébés étaient parfois jetés en l'air et empalés sur une baïonnette.

Les fosses communes du pays regorgent de cadavres, mais les purges n'ont toujours pas produit les résultats escomptés. Le régime était en difficulté jusqu'au cou, le peuple mourait de faim, et Pol Pot voyait toujours des traîtres et des saboteurs partout.

Pour sa propre sécurité, il s'est retranché derrière les hauts murs des résidences de haute sécurité de Phnom Penh et de ses environs.

Ici, il était entouré de serviteurs qui n'étaient jamais sûrs de leur vie. Si Pol Pot avait mal au ventre, il pensait être empoisonné et le cuisinier était tué. En cas de panne
24

d'électricité ou d'approvisionnement en eau, les surveillants devaient payer ces défauts de leur vie.

Procès-spectacle interne de Pol Pot

Au début des années 1980, Khieu Ponnary, l'épouse de Pol Pot qui avait perdu la raison des années auparavant, est décédée et, en 1985, le chef partisan de 60 ans a épousé Mea Son, plus jeune d'une trentaine d'années.

Un an plus tard, Sith est née, l'unique enfant de Pol Pot.

La famille a mené une vie relativement tranquille dans la jungle pendant plusieurs années, mais lorsque les Khmers rouges ont été confrontés à des dissidents et à des divisions internes au milieu des années 1990, Pol Pot est devenu totalement paranoïaque et a pété les plombs.

L'ex-dictateur âgé croyait fermement que les membres de son parti préparaient un coup d'État contre lui. Il a envoyé ses gardes du corps prendre pour cible le cerveau présumé du coup d'État, l'ancien ministre de la défense Son Sen, ainsi que sa femme et leurs familles. Au total, 14 enfants et adultes ont été abattus, puis écrasés par un camion.

Après ce massacre barbare, Ta Mok, le chef militaire suprême des Khmers rouges, craint que son tour ne vienne. Il a donc ordonné à ses hommes d'arrêter Pol Pot, qui s'est enfui dans la jungle avec sa femme et sa fille. Après trois jours, ils ont été capturés. Pol Pot, complètement épuisé, était plus mort que vivant.

Lors d'un procès spectacle, Pol Pot, visiblement affaibli, a été condamné à la prison à vie le 25 juillet 1997 pour le meurtre de Son Sen et de sa famille et pour trahison envers les Khmers rouges.

Mort au traître Pol Pot, il a du sang sur les mains", ont crié d'anciens partisans de Pol Pot, assis sur une chaise en bois et s'appuyant constamment sur un bâton de bambou.

Le 23 octobre 1997, au cours de son assignation à résidence, Pol Pot a fait une déclaration exceptionnelle.

interview au journaliste de la télévision américaine Nate Thayer. Pol Pot a parlé de sa mort imminente et a répondu aux questions sur le génocide : "En ce qui concerne ma conscience et ma mission, je n'ai aucun problème. Des erreurs ont été commises, mais mon but était de mener une révolution, pas de tuer des gens. Regardez-moi, est-ce que j'ai l'air d'un homme cruel ?" a-t-il demandé rhétoriquement, se répondant lui-même : "Non !

Au cours des mois suivants, Pol Pot est de plus en plus malade et peut à peine respirer sans masque à oxygène.

Lorsqu'il allume la radio pour écouter les nouvelles à huit heures du soir, le 15 avril 1998, comme d'habitude, ses dernières forces vitales s'épuisent. Ses gardiens de prison auraient voulu le remettre à la cour internationale afin qu'il soit jugé pour ses crimes contre l'humanité. Après la diffusion, Pol Pot a dit à sa femme qu'il se sentait fatigué et pas très bien. Quelques minutes plus tard, il a rendu son dernier soupir.

L'histoire des Khmers rouges

Les Khmers rouges (Khmer : ខ្មែរក្រហម Khmêr Khrôm) étaient la branche militaire du Parti communiste du Kampuchéa démocratique (actuel Cambodge). Khmer est le nom du peuple qui habite le Cambodge. Les Khmers rouges sont responsables de la mort d'environ 1,7 à 2 millions de personnes sur une population de 7 millions d'habitants, entre 1975 et 1979, lorsque les Khmers rouges étaient au pouvoir.

Ascension et prise de pouvoir

Dans les années 1960 et 1970, les Khmers rouges ont mené une guerre de guérilla contre le régime du prince Norodom Sihanouk et du général Lon Nol. Le mouvement avait été créé à l'origine par les communistes vietnamiens, qui ont longtemps gardé la main. De nombreuses unités étaient en fait composées de Vietnamiens, et au départ, les cadres supérieurs étaient contrôlés par des Vietnamiens.

L'arrivée au pouvoir de Lon Nol en 1970 s'est accompagnée d'une extension de la guerre du Vietnam au

Cambodge. Contrairement à Sihanouk, Lon Nol a cherché le soutien des États-Unis et du Sud-Vietnam, et a agi durement contre le Vietcong et les Khmers rouges au Cambodge. Les Américains ont bombardé intensivement les zones contrôlées par les communistes à partir de bombardiers B-52, rasant aussi régulièrement des villages, car les B-52 ne sont pas des bombardiers de précision.

Les bombardements américains, les incidents entre les troupes sud-vietnamiennes et la population, et la mauvaise gestion du gouvernement de Lon Nol ont poussé la population dans les bras des Khmers rouges, et le régime de Lon Nol s'est effondré. Le mouvement prend de l'ampleur et, en 1972, les Vietnamiens sont contraints de reconnaître Pol Pot comme un allié à part entière et non plus comme un partenaire junior. Une autre victoire politique majeure a été l'alliance monstrueuse avec Norodom Sihanouk que les Khmers rouges ont conclue sous la pression de la Chine. Le soutien de l'ancien roi s'est avéré essentiel pour gagner la confiance du peuple.

Déjà pendant l'avancée des Khmers rouges, Pol Pot était impressionné par la simplicité des montagnards. De plus, de nombreux Khmers rouges étaient originaires de la campagne très primitive et n'aimaient pas les villes. Une fois que les Khmers rouges avaient pris une ville de province, la vie quotidienne reprenait généralement en quelques jours, au grand dam de Pol Pot. Si tout restait en l'état, pour lui la révolution ne servirait à rien. Le parti propose alors des solutions plus radicales, comme la déportation de la population, et commence à les mettre en pratique. Selon Pol Pot, si les gens ne voulaient pas changer, il fallait simplement les forcer à devenir des fermiers. Il a également introduit l'uniforme noir simple que tout le monde devait porter. Les bijoux et autres objets similaires ont été interdits.

En avril 1975, les Khmers rouges sont entrés dans Phnom Penh après que les dirigeants politiques et militaires ainsi que la plupart des étrangers eurent fui la ville. Pol Pot devient le dictateur du Cambodge, mais Norodom Sihanouk est nommé chef d'État titulaire, ce qui renforce considérablement la position des Khmers rouges. Avec le temps, Sihanouk s'est rendu compte qu'en pratique, il n'avait rien à dire et a démissionné de son poste de chef d'État.

Quelques jours après l'occupation de Phnom Penh, les Khmers rouges ont évacué la ville et chassé la population vers la campagne. Des fonctionnaires et des soldats de l'armée gouvernementale ont été dans certains cas démontés et exécutés. La sévérité des déportations varie d'un commandant à l'autre.

Alors que certains commandants autorisaient la population à prendre ses effets personnels ou à retourner dans son lieu de naissance, d'autres la forçaient à aller où elle voulait.

Sur les 2,5 millions d'habitants de Phnom Penh, 1,9 million avaient fui les campagnes à cause de la guerre, et étaient donc raisonnablement à l'aise avec leur sort.

Pour les premiers habitants de la ville, cependant, le combat a été difficile. Ils ne connaissaient personne et se retrouvaient au bas de la hiérarchie. La désobéissance était punie par les coups ou l'exécution.

Il n'a pas non plus été révélé à ce stade précoce que les Khmers rouges se battaient pour un parti communiste ; ils parlaient simplement de l'"Angkar" (l'Organisation).

Régime des Khmers rouges (1975-1979)

Les villes cambodgiennes ont été rasées et la population a été contrainte de se déplacer vers des fermes collectives à la campagne. Ici, ils devaient travailler 12 à 14 heures par jour, sept jours par semaine, sous un régime d'esclavage. Les rations étaient minimales. Les biens personnels devaient être laissés derrière la plupart du temps.

La doctrine communiste était combinée à une idéologie spartiate de "retour aux sources". Les villes étaient qualifiées de "diaboliques" par les Khmers rouges de la campagne, tout comme les intellectuels, dont beaucoup avaient d'ailleurs travaillé pour le régime de Lon Nol. Beaucoup - notamment des moines, des enseignants, des

34

médecins, des fonctionnaires, des militaires et des intellectuels - ont été exécutés, souvent sans raison ou pour des délits mineurs. Le port de lunettes ou de vêtements (civils) soignés, la possession d'un livre (étranger) ou la connaissance d'une langue étrangère constituaient des motifs suffisants d'exécution.

Dans les collectifs, les personnes étaient divisées en trois catégories : les ayants droit, les aspirants et les déportés. Les ayants droit recevaient le meilleur traitement et la meilleure nourriture et pouvaient se joindre à la fête. Les aspirants étaient des ruraux et des citadins originaires de la campagne. Eux aussi ont été un peu mieux traités. Les déportés forment une catégorie résiduelle de citadins et d'intellectuels. Ils étaient les plus maltraités et recevaient le moins de nourriture.

Les ayants droit et les aspirants étaient intensivement endoctrinés dans les fermes collectives. Aucun insigne de grade n'était porté, mais la hauteur du grade des cadres du parti était mesurée par le nombre de stylos et de crayons portés dans la poche de poitrine de l'uniforme noir.

Outre l'abolition complète, de type orwellien, des mots indiquant l'individualité, une méthode d'autocritique a été adoptée, conformément à l'idéologie maoïste. Il fallait non seulement écrire l'histoire de sa propre vie et la critiquer sur la base de la doctrine, mais aussi proclamer chaque jour ses propres erreurs dans un contexte collectif, ainsi que les méfaits des autres. Les infractions comprenaient la conservation ou la collecte de nourriture pour soi-même, la tenue d'un journal intime, l'insubordination ou les performances insuffisantes. Les punitions qui leur étaient infligées comprenaient la réduction des rations, le fait de sauter des repas, les châtiments corporels et l'exécution.

Tout le monde était délibérément maintenu dans un état de peur constante et de déséquilibre psychologique, de sorte que les gens ne pensaient même pas à résister ou à se révolter. Les ethnies vietnamienne et cham ont particulièrement souffert.

La famille a été abolie. Seul l'Angkar déterminait qui pouvait procréer avec qui et élevait les enfants qui en résultaient. Des mots comme "père" et "mère" n'étaient plus autorisés à être utilisés. La nourriture ne devait être consommée que collectivement lors des repas dans le réfectoire. Même la cueillette de fruits était interdite car cela serait "égocentrique" ; tous les fruits appartenaient à l'Angkar. Réduire les rations ou refuser tout simplement un repas à quelqu'un était une punition populaire qui aboutissait souvent à ce que cette personne soit trop malade pour travailler, ne reçoive rien du tout et finisse par mourir.

L'argent a également été aboli et, plus tard, même le troc a été découragé. L'Angkar fournissait ce qui était nécessaire. Ceux qui fabriquaient ou collectionnaient eux-mêmes des objets étaient "égocentriques" et étaient punis pour cela. Plus tard, Pol Pot a décidé de relâcher un peu les rênes et des plans ont été élaborés pour réintroduire l'argent.

Il y avait peu de coopération ou de coordination entre les différentes unités des Khmers rouges. Cela a encouragé les atrocités et la famine. Les commandants savaient qu'ils seraient punis s'ils ne fournissaient pas une performance adéquate et, de toute façon, ils ne voulaient pas être les derniers. Cela a créé une certaine concurrence qui a conduit à la radicalisation. Le manque de coordination a favorisé la famine, car la communication entre les territoires était entravée et le commerce était également découragé, voire interdit. Le musée de Tuol Sleng et les nombreux champs d'extermination (dont Choeung Ek) sont toujours les témoins silencieux des massacres qui ont eu lieu.

Près de la frontière avec le Vietnam, en mai et juin 1978, Sao Phim - le chef régional des Khmers rouges - a lancé la seule rébellion interne contre le régime communiste central. Ce soulèvement a été réprimé et Sao Phim s'est suicidé. Sa femme et ses enfants ont été assassinés par les Khmers rouges pendant ses funérailles.

Une fois que les Khmers rouges ont rétabli leur pouvoir central, tous les habitants de la région ont été condamnés à mort. De mai à décembre 1978, 100 000 à 250 000 personnes ont été tuées dans cette région. Le village natal de Sao Phim a été entièrement massacré, faisant 700 morts.

Les survivants de la région ont dû porter des vêtements bleus au lieu des vêtements noirs. Les insurgés survivants ont fui au Vietnam, où ils se sont ensuite joints à l'entrée du Vietnam au Cambodge pour déposer Pol Pot.

Leaders

- **Saloth Sar** (1925-1998), Frère numéro 1, surnommé Pol Pot, chef effectif des Khmers rouges, premier ministre du Kampuchéa démocratique (1976-1979) et secrétaire général du Parti communiste du Kampuchéa (1963-1981), arrêté en 1997 sur ordre de Ta Mok, qui lui a succédé à la tête du pays ;

- **Lau Kim Lorn** (1926-2019), Frère numéro 2, surnommé Nuon Chea et également appelé Long Bunruot, président du Parlement (1976-1979), secrétaire général adjoint du Parti communiste, condamné à la prison à vie le 7 août 2014 ;

- **Ieng Sary** (1925-2013), Frère numéro 3, beau-frère de Pol Pot, marié à Ieng Thirith, vice-premier ministre et ministre des affaires étrangères (1975-1979), arrêté en 2007, décédé avant le prononcé de la sentence ;

- **Ieng Thirith (**1931-2015, née Khieu Thirith), ministre des Affaires sociales, mariée à Ieng Sary et sœur de Khieu Ponnary, première épouse de Pol Pot, souffre de la maladie d'Alzheimer, a donc été libérée en novembre 2011 puis en septembre 2012 après avoir révoqué cette décision ;

- **Khieu Samphan** (*1931), Frère numéro 4, chef d'État du Kampuchéa démocratique (1976-1979), responsable des relations internationales des Khmers rouges après 1979, condamné à la prison à vie le 7 août 2014 ;

- **Chhit Choeun**, également Ng/Ung/Nguon/Eang/Ek Choeun/Eng/Kang (c. 1926-2006), Frère numéro 5, 6 ou 7, surnommé Ta Mok (Grand-père Mok), chef d'état-major de l'Armée nationale du Kampuchéa démocratique, dernier dirigeant des Khmers rouges ;

- **Ke Vin** (1934-2002), frère numéro 13, surnommé Ke Pauk, secrétaire du parti dans le nord du Cambodge ;

- **So Phim**, également Sao Pheum (1925-1978), Frère numéro 18, surnommé So/Sao Vanna, à la fin des années 1940, chef des Khmers issarak qui résistaient à la domination coloniale française,

avec femme et enfants victimes des purges de
1978 dans l'est du Cambodge où il commandait
l'armée ;

- **Son Sen** (1930-1997), frère numéro 50 ou 89,
surnommé frère Khiev/Khieu, ministre de la
défense, marié à Yun Yat, exécuté avec sa famille
sur ordre de Pol Pot ;

- **Yun Yat** (1934-1997), ministre de l'éducation
(1975-1977), a remplacé Hu Nim, exécuté, au
poste de ministre de l'information et de la
propagande en 1977, marié à Son Sen, exécuté
avec lui et d'autres membres de sa famille, y
compris les enfants, sur ordre de Pol Pot ;

- **Tuork Penh** (1934-1978), surnommé Vorn Vet,
vice-premier ministre et ministre de l'économie
(1976-1978), exécuté en décembre 1978 ;

- **Hu Nim** (1932-1977), ministre de l'information et
de la propagande, exécuté en juillet 1977 ;

- **Kaing Guek Eav**, également Kang/Kaing Kek
  Ieu/Iev (1942-2020), surnommé Douch, également
  Duch ou Deuch, professeur de mathématiques,
  chef du centre de torture S-21, condamné en appel
  à la prison à vie le 3 février 2012.

Expulsion et désintégration

Malgré le soutien vietnamien, les escarmouches entre Vietnamiens et Cambodgiens étaient constantes, même avant la prise du pouvoir en 1975. Le Vietnam était l'ennemi juré traditionnel des Khmers.

Il était plus grand et plus densément peuplé, avait contribué à la destruction de la civilisation khmère dans le passé et, contrairement au Cambodge, était fortement influencé par la Chine.

La haine des Vietnamiens était également profondément enracinée chez les Khmers rouges et le régime a adopté une attitude de plus en plus provocatrice.

Les sujets de conflit étaient les mauvais traitements infligés aux immigrants vietnamiens au Cambodge, les revendications cambodgiennes sur les Khmers Kroms et un conflit sur certaines îles du golfe de Thaïlande au large de la côte cambodgienne revendiquées par le Vietnam. Il y avait également de l'agacement face à l'ampleur des tentatives d'influence du Vietnam, ce qui coïncidait avec la crainte et l'envie préexistantes des Cambodgiens à l'égard de leur grand voisin oriental vietnamien.

Pol Pot a mené de grandes purges anti-vietnamiennes en 1976 et 1977. Les Khmers rouges ont même régulièrement envahi le territoire frontalier vietnamien, brûlant et pillant des villages. À partir de 1977, les combats à la frontière sont presque constants.

Même un Vietnam communiste était considéré comme une menace, peut-être encore plus maintenant qu'il était à nouveau uni. Les Khmers rouges ont tenté d'obtenir le soutien de la République populaire de Chine. Pol Pot

45

comptait sur le soutien de la Chine en cas de guerre avec le Vietnam. De cette façon, le "patronage" vietnamien pourrait être réglé et le delta du Mékong pourrait peut-être rejoindre le Cambodge.

Les Vietnamiens ont mis au repos plusieurs expéditions punitives et ont finalement décidé d'une opération militaire de grande envergure pour expulser les Khmers rouges. En décembre 1978, une armée de 150 000 Vietnamiens a envahi le Cambodge. Les faibles unités khmères rouges ont été envahies en deux semaines. Les Vietnamiens ont occupé la quasi-totalité du pays et ont installé un nouveau gouvernement. La Chine a envahi le Vietnam lors de la guerre sino-vietnamienne, en partie pour soulager les Khmers rouges.

Ce plan a échoué ; l'attaque s'est déroulée de manière insatisfaisante pour les Chinois et n'a pas suffi à persuader les Vietnamiens de retirer leurs troupes du Cambodge. Le soutien est également venu indirectement des États-Unis, qui ont fait en sorte que le siège du Cambodge aux Nations unies ne revienne pas (pour l'instant) au nouveau régime soutenu par le Viêt Nam. Les Vietnamiens sont d'abord accueillis par la population comme des libérateurs, mais deviennent ensuite de plus en plus impopulaires.

Après l'expulsion du régime de Pol Pot par les Vietnamiens, les Khmers rouges ont tenu bon pendant des années dans la jungle cambodgienne. Dans les années 1990, les Khmers rouges s'étaient retirés dans les montagnes de Dongrek, entre autres. Elle était soutenue par la Chine et la Thaïlande, et indirectement par les Etats-Unis, qui voulaient ainsi épuiser le Vietnam et son allié russe.

L'idéologie communiste a été radicalement abandonnée et le parti communiste dissous, dans l'espoir de susciter la bienveillance de la population et de l'étranger. Les Khmers

47

rouges ont perdu de plus en plus de soutien et ont commencé à se désintégrer au cours des années 1990. Plusieurs dirigeants ont fait défection et Pol Pot lui-même a été emprisonné par Ta Mok, l'un des principaux commandants, pour "mauvaise gestion" en 1997. Neuf mois plus tard, Pol Pot est mort dans des circonstances inexpliquées.

Idéologie

L'Angkar adhérait à une idéologie communiste, qui dans la pratique était principalement basée sur le maoïsme. D'autres influences intellectuelles ont été : Le chauvinisme de l'élite khmère, le nationalisme du tiers monde, la Révolution française et le communisme stalinien.

Après l'échec du Grand Bond en avant, Mao a décidé que l'agriculture constituerait la base de l'économie chinoise. Dans la foulée, l'Angkar décide en 1977 du Super Grand Bond en avant avec pour base l'agriculture collective, conformément à la ligne désormais modifiée de Mao.

49

L'Angkar a sélectivement poussé cette ligne maoïste beaucoup plus loin que Mao ne l'avait jamais fait.

Pendant le Grand Bond en avant, la direction du parti du PCC avait annoncé "le lever, le manger, le coucher, le travail et les activités après le travail en commun", et cette ligne a été strictement adoptée par l'Angkar. Après l'échec du Grand Bond en avant en Chine, les travailleurs excédentaires ont dû retourner à la campagne. À ce moment-là, Pol Pot rendait visite à Mao, qui venait de déporter 20 millions d'ouvriers (disposant d'installations raisonnables et d'une nourriture suffisante) à la campagne où ils sont redevenus des paysans (sans installations et avec des rations marginales). Pol Pot ferait mieux que son maître Mao et réaliserait ceci avec tous les habitants des villes. L'hymne national du Cambodge sous les Khmers rouges disait : "Construisons notre patrie pour qu'elle puisse faire un pas de géant en avant". Un immense bond en avant glorieux et progressif."

Pol Pot a également tiré de Mao la répression de la vie familiale. En mars 1958, ce dernier avait proclamé que "(l)a famille telle qu'elle a été laissée pendant le communisme primitif sera abolie. Elle a eu un début et aura une fin. La famille est quelque chose qui n'est pas propice à la production".

Tribunal

Après de nombreuses années de négociations difficiles, un accord a finalement été conclu en 2004 entre les Nations unies et le Cambodge sur la formation d'un tribunal cambodgien chargé de juger un certain nombre d'anciens dirigeants khmers rouges. Plusieurs hommes politiques cambodgiens s'y opposaient depuis longtemps parce qu'ils avaient des liens avec les Khmers rouges ou en étaient originaires. Le 3 octobre 2004, il a néanmoins été décidé de créer un tribunal. Toutefois, ce tribunal n'avait pas de statut international ; il faisait partie du système judiciaire cambodgien.

À cette époque, cinq suspects clés et derniers hauts dirigeants khmers rouges restants pouvaient encore être jugés, à savoir Nuon Chea (81 ans), Ieng Sary (82 ans), Khieu Sampan (76 ans), Ieng Thirith (76 ans) et Kaing Guek Eav (61 ans).

Trois suspects ne pouvaient plus être poursuivis. Pol Pot était mort en 1998 ; sa première femme, Kheiu Ponnary, était morte en 2003. Ta Mok, l'ancien commandant et "frère numéro 5", a été arrêté par l'armée cambodgienne en mars 1999 ; il est mort dans un hôpital militaire en 2006 sans avoir été jugé.

Kaing Gue Eav

Kaing Guek Eav (Choyaot, 17 novembre 1942 - Phnom Penh, 2 septembre 2020), surnommé "camarade Duch", était le directeur de la prison S-21 de Phnom Penh pendant le régime des Khmers rouges.

De professeur de mathématiques à gardien de prison

Kaing Guek Eav a étudié les mathématiques au lycée Suravarman II de Siem Reap. En 1962, il obtient la première moitié de son baccalauréat et la même année, il obtient la seconde moitié de son baccalauréat au célèbre Lycée Sisowath de Phnom Penh. Il était le deuxième meilleur du pays. Il est devenu professeur de mathématiques et l'est resté jusqu'à ce qu'il entre en contact avec un groupe d'étudiants de la Chine communiste à Phnom Penh. À cause de ce contact, il a dû aller en prison. Là-bas, sa sympathie pour le communisme a été attisée. Après sa libération, il a rejoint le parti communiste, où il est devenu chef du service de sécurité. En 1975, les Khmers rouges communistes ont pris le pouvoir et ont créé un nouveau Cambodge. Ce devait être un paradis pour les paysans ; tout ce qui s'y opposait était exterminé. Kaing Guek Eav est devenu le commandant de la prison S-21 à Phnom Penh et a personnellement supervisé la torture. N'importe qui peut se retrouver dans cette prison ; pour avoir volé une pomme de terre, porté des lunettes ou utilisé négligemment des mots anglais ou français. Il a même fait tuer son plus proche adjudant à la fin de son règne. Il gardait un registre méticuleux de ce qui arrivait à chaque prisonnier. Une liste de noms de prisonniers a été trouvée avec "Tuez-les tous" écrit dessus, signé par lui.

Christian

Après la chute du régime, il a continué à vivre sous le nom de Hang Pin. Vers 1996, il s'est converti au christianisme et a été baptisé dans la rivière Sangke avec de nombreuses autres personnes par le pasteur américain Christopher LaPel.

Tribunal du Cambodge

En 1999, il a été reconnu par le journaliste Nic Dunlop à partir de la seule photo de lui qui avait survécu et s'est rendu à la police. Il est à ce jour le seul membre du régime des Khmers rouges à avoir pleinement avoué sa culpabilité et exprimé des regrets. "Tous les crimes qui ont eu lieu à S-21 (...) se sont produits sur mes instructions", a déclaré Kaing Guek Eav. Il a avoué avoir torturé des gens lui-même. "Si la lapidation était une coutume cambodgienne, ils auraient le droit de me l'imposer. Je l'accepterais", a-t-il dit, les larmes aux yeux, en direction d'une femme dont le mari et les enfants ont été tués à Tuol Sleng.

Le 26 juillet 2010, alors que les procureurs avaient demandé une peine de 40 ans, le Tribunal du Cambodge a condamné Kaing Guek Eav à une peine de 35 ans de prison sans condition pour crimes contre l'humanité. Il n'a pas été condamné à la peine maximale de prison à vie parce qu'il a coopéré pleinement et fait des aveux complets pendant son procès, ont déclaré les juges dans leur verdict.

Toutefois, lorsqu'il est apparu que cinq ans seraient déduits des 35 ans imposés parce qu'il avait été détenu pendant si longtemps sans inculpation formelle, c'est-à-dire illégalement, et qu'en outre la totalité des 11 ans de détention provisoire serait déduite de la peine finale, des scènes émouvantes se sont déroulées dans le palais de justice construit à cet effet dans la banlieue de Phnom Penh, les proches des victimes exprimant leur mécontentement à l'égard de l'administration de la justice. Alors que beaucoup auraient considéré que l'emprisonnement à vie était encore clément, il est vite apparu qu'il ne restait que 19 ans sur les 35 ans du verdict après déduction, de sorte que si le bourreau de leurs proches se comportait bien, ils seraient libérés sur parole après 11 ans au maximum.

Le fait que Kaing Guek Eav lui-même n'était pas d'accord avec sa condamnation est apparu clairement à peine un jour plus tard, lorsqu'il a annoncé par l'intermédiaire de son avocat cambodgien qu'il allait faire appel.

Nuon Chea

Nuon Chea, né Lau Kim Lorn, également appelé Long Bunruot, surnommé entre autres Frère Numéro 2 (Battambang, 7 juillet 1926 - Phnom Penh, 4 août 2019), était un idéologue en chef cambodgien des Khmers rouges et adjoint de Pol Pot. Nuon Chea a été arrêté en septembre 2007 et a été inculpé par le Tribunal spécial pour le Cambodge, où il est accusé de crimes contre l'humanité et de crimes de guerre. Il est considéré comme l'un des principaux responsables des crimes commis par le régime entre 1975 et 1979, qui ont fait plus d'un million de morts.

À vie

Nuon Chea a étudié le droit à Bangkok à la fin des années 1940, où il a rejoint le parti communiste thaïlandais. Après être retourné au Cambodge, il a rejoint les Khmers rouges. Il fait une carrière fulgurante et finit par devenir secrétaire adjoint du Parti des travailleurs du Kampuchéa, rebaptisé Parti communiste du Kampuchéa en 1966, le poste numéro 2 au sein du parti des Khmers rouges. Lorsque les maoïstes ont pris la capitale Phnom Penh en 1975, il est devenu premier ministre sous le régime suivant, dans le cadre du comité central permanent du parti communiste. Selon Duch (Kaing Guek Eav), un autre accusé du Tribunal pour le Cambodge, Nuon Chea est en grande partie responsable de la prison spéciale S-21 (Tuol Sleng), où des prisonniers ont été torturés et assassinés.

Après la prise du Cambodge par le Vietnam en 1979, le Cambodge est transformé en République populaire du Kampuchea, après quoi Nuon Chea se retire dans la jungle. En 1998, après la fin définitive des Khmers rouges, il a conclu un accord avec le gouvernement cambodgien de l'époque, ce qui lui a permis de ne pas être persécuté pendant une longue période. Depuis, il vit dans la ville de Pailin, près de la frontière thaïlandaise.

Nuon Chea et Khieu Samphan ont été condamnés par le tribunal de Phnom Penh le 7 août 2014. Ils ont été condamnés à la prison à vie pour crimes contre l'humanité en raison de leur rôle de premier plan dans le régime des Khmers rouges dans les années 1975-1979. En 2018, ils ont à nouveau reçu la même peine pour génocide. Nuon Chea a été assisté par l'avocat néerlandais Victor Koppe pendant son procès. Le documentaire Defending Brother No 2 a été réalisé sur sa défense.

Nuon Chea est mort en prison à l'âge de 93 ans.

www.ingramcontent.com/pod-product-compliance
Lightning Source LLC
Chambersburg PA
CBHW061312140726
47998CB00006B/2354